1. Lesestufe

Susanne Becker

Pferdegeschichten

Mit Bildern von Cathy Ionescu

Ravensburger

Bibliografische Information der Deutschen Nationalbibliothek:

Die Deutsche Nationalbibliothek verzeichnet diese Publikation
in der Deutschen Nationalbibliografie.
Detaillierte bibliografische Daten sind im Internet
über http://dnb.d-nb.de abrufbar.

2 4 6 5 3

Ravensburger Leserabe
© 2022 Ravensburger Verlag GmbH
Postfach 2460, 88194 Ravensburg
Umschlagbild: Cathy Ionescu
Fachberatung: Dr. Birgitta Reddig-Korn
Die Autorin Susanne Becker wird vertreten
von der Agentur Brauer.
Printed in Germany
ISBN 978-3-473-46099-1

ravensburger.com
www.leserabe.de

Inhalt

Ein Pferd im Klassenzimmer

Endlich ist
Lillis erster Schultag!
Schon lange hat sie sich
auf die Schule gefreut.

Nur leider kann
ihr bester Freund
nicht dabei sein.

6

Lillis bester Freund
heißt Keks und
ist natürlich kein Junge.
Keks ist ein braunes Pferd.

Lilli hat Keks jeden Morgen
vor dem Kindergarten besucht.

Das Pferd wohnt
auf einem Bauernhof
ganz in der Nähe.

„Ich wünsche dir
einen schönen Tag",
hat sie zu ihm gesagt
und seinen Schopf gestreichelt.

Keks hat als Antwort
leise gewiehert.

Heute kann Lilli
ihren Freund nicht besuchen.
Sie muss schon früh
in die Schule.

„Dafür haben wir
nun keine Zeit mehr",
mahnt Mama.

Lilli findet das
ziemlich doof.

Aber sie ist ja jetzt
ein richtiges Schulkind.
Da muss sie pünktlich
beim Unterricht sein.

Im Klassenzimmer bekommt
Lilli einen Platz
in der ersten Reihe.

Die Lehrerin begrüßt die Kinder
und erklärt ihnen alles.

„Huch, was ist denn das?",
ruft sie plötzlich erschrocken
und deutet nach hinten.

Alle Schüler drehen sich
neugierig um.

Da streckt Keks den Kopf
zum offenen Fenster herein.
Er hatte Sehnsucht
nach seiner Freundin.

Lilli springt auf
und läuft zu ihm.

„Was machst du denn hier?",
fragt sie und gibt ihm
einen liebevollen Klaps.

Keks reibt seinen Kopf
an ihrem Arm.
Pferde sind eben
die besten Freunde!

Geschafft!
Hier kannst du
den ersten Sticker
einkleben!

Geschichte 1

Drei Freunde auf acht Beinen

Lotta, Mia und Schlumpf
sind ein tolles Team,
besonders beim Voltigieren.

Dabei turnt Lotta
auf dem Rücken von Schlumpf
und Mia führt das Pferd
an der Longe.

Heute finden in ihrer Stadt
die Meisterschaften statt.

Die beiden Mädchen
sind sehr aufgeregt.
„Viel Glück",
wünschen sie sich gegenseitig.

Auch Schlumpf tritt nervös
von einem Bein auf das andere.

Er weiß genau, dass es jetzt
auf jeden Schritt ankommt.
Hoffentlich klappt alles!

Am Anfang marschieren
die drei zur Musik
in den Turnierzirkel.

Danach muss Schlumpf
zuerst allein im Kreis gehen.
„Gut gemacht",
flüstert Lotta.

Dann läuft sie los
und springt
auf das trabende Pferd.

Mia hält die Luft an.
Aber ihre Freundin
landet sicher
auf Schlumpfs Rücken.

ndig reiten
ist für Lotta kein Problem.

Sie und Schlumpf haben
das tausendmal geübt.
Deshalb gelingt es gut.

Eine schwierige Figur
im Voltigieren heißt „Fahne".

Da muss Lotta sich
auf einem Arm und einem Bein
auf das Pferd stützen.
Das klappt nicht immer.

„Du schaffst das", murmelt Mia
und drückt die Daumen.
Vor Aufregung lässt sie
fast die Longe los.

Lotta streckt den Arm nach vorn
und ihr Bein nach hinten.

Hoffentlich hält sie
das Gleichgewicht!

Schlumpf trabt ganz ruhig
im Kreis herum.

Geschafft!
Die Freunde haben alle Figuren
super gemeistert.

„Ihr seid wirklich
ein tolles Team",
lobt die Reitlehrerin.
Und das finden die drei auch.

Ein Pferd kauft ein

Leon liebt Schokolade
über alles.
Deshalb hat er sein Pferd
auch Schoko genannt.

Leons Eltern
haben einen Hof
mit vielen Tieren.

Als Schoko zur Welt kam,
durfte Leon einen Namen
für ihn aussuchen.

Seitdem kümmert er sich
ganz allein um das Fohlen.

Manchmal führt Leon
Schoko spazieren.
Dann gehen sie
an den Feldern entlang.

Heute machen die beiden
auch einen langen Spaziergang.
Als sie bei den Häusern ankommen,
sieht Leon den Supermarkt.

„Warte hier",
sagt er zu Schoko,
„ich kaufe mir nur schnell
etwas zu trinken."

Er bindet die Zügel
an einem Geländer fest
und saust in den Supermarkt.

Kurze Zeit später
steht Leon an der Kasse
und bezahlt eine Flasche Limo.

Da hört er plötzlich
einen Schrei.

„Hilfe, was ist denn das?",
ruft eine Frau
zwischen den Regalen.

„Wem gehört denn das Pferd?",
fragt ein Mann.

Erschrocken flitzt Leon los.

Schoko steht beim Gemüse und
kaut genüsslich eine Karotte.

Auf dem Boden liegen
Petersilie und Schnittlauch.
Die hat er wohl
für Gras gehalten.

„Ach, Schoko", schimpft Leon,
„du kriegst doch daheim
genug zu fressen."
Zum Glück ist niemand sauer!

Was für ein Zirkus!

Bella liebt den Zirkus.
Kein Wunder, sie ist ja auch
ein Zirkuspferd.

Wenn sie durch die Manege trabt,
ist sie in ihrem Element.

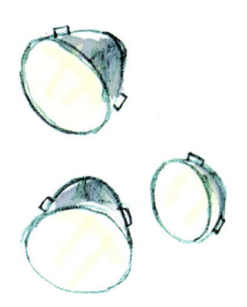

Mit dabei ist meistens Miri.
Sie ist Akrobatin
und tritt mit Bella auf.

Dann reitet Miri im Stehen.
Oder sie macht einen Handstand
auf Bellas Rücken.

Das ist ganz schön gefährlich.
Deshalb muss Bella
sehr vorsichtig sein.

Heute proben die beiden
wieder in der Manege.

Pippo, der Clown,
übt Jonglieren,
während Bella mit Miri
im Kreis herumläuft.

Plötzlich flutscht Pippo
einer der Bälle weg.

„Hoppla", ruft er
und versucht, den Ball
noch zu erwischen.

Dabei stolpert er
über seine riesigen Schuhe.

Zack, fällt er auf die Nase,
und alle Bälle kullern
in der Manege herum.

Miri will gerade einen Salto
von Bellas Rücken üben.

„Vorsicht, die Bälle!",
schreit Pippo und hält sich
lieber die Augen zu.

Aber Bella scheut nicht,
sondern trabt ruhig
um die Bälle herum.

Und Miri landet
nach dem Salto
heil auf dem Boden.

„Ein Glück, dass du
das beste Zirkuspferd bist!",
lobt Miri Bella.

Dann bekommt Bella
einen Kuss auf die Nase.
Sie ist sehr stolz.

Geschichte 4

Leserätsel

Rätsel 1 **Seltsam, seltsam**

Welches Wort stimmt? Kreuze an!

Der Name von Lillis Pferd ist
- ○ Krümel.
- ○ Keks.
- ○ Plätzchen.

Eine Figur im Voltigieren heißt
- ○ Tuch.
- ○ Flagge.
- ○ Fahne.

Pippo ist im Zirkus
- ○ der Clown.
- ○ das Pferd.
- ○ die Akrobatin.

Rätsel 2 **Buchstaben heraushören**

In welchen Wörtern hörst du den
Buchstaben F? Kreuze an!

Ordne die Bilder den Sätzen zu!

Rätsel 3

A) Lilli besucht Keks jeden Morgen.

B) Lotta zeigt die Figur „Fahne".

C) Leon geht mit Schoko spazieren.

1   **2**   **3**

Leserabe
Rabenpost

Rätsel 4 **Rätsel für die Rabenpost**

Fülle die Lücken aus. Trage die Buchstaben in die richtigen Kästchen ein. So findest du das Lösungswort für die Rabenpost heraus!

Lillis Freund wohnt auf einem

| | ₂ | | R | | H | | |

(Seite 8)

Lotta turnt auf Schlumpfs

| | Ü | | | ₅ | |

. (Seite 15)

Schoko hat eine

| | R | | ₃ | | | im Maul.

(Seite 31)

Miris

| ₁ | | ₆ | ₄ | O | gelingt ihr. (Seite 40)

Lösungswort

| 1 | 2 | 3 | 4 | 5 | 6 |

Hast du das Lösungswort herausgefunden?
Dann kannst du jetzt tolle Preise gewinnen.

Gib das Lösungswort auf der  Leserabe -Website
ein oder schick es mit der
Post an folgende Adresse:

An den Leseraben
Rabenpost
Postfach 2007
88190 Ravensburg
Deutschland

Lösungswort

An
den LESERABEN
RABENPOST
Postfach 2007
88190 Ravensburg
Deutschland

**Bitte frage
deine Eltern!***

* Wir verwenden die Daten der Einsender nur für das Gewinnspiel und nicht für weitere Zwecke.
Alle weiteren Informationen zum Datenschutz und über unser Gewinnspiel findet ihr unter www.leserabe.de.

Leserabe

Lesen lernen wie im Flug!

In drei Stufen vom Lesestarter zum Leseprofi

Vor-Lesestufe
Ab Vorschule

ISBN 978-3-473-46022-9

ISBN 978-3-473-46023-6

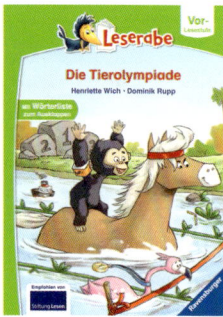

ISBN 978-3-473-46024-3

1. Lesestufe
Ab 1. Klasse

ISBN 978-3-473-46025-0

ISBN 978-3-473-46026-7

ISBN 978-3-473-46027-4

2. Lesestufe
Ab 2. Klasse

ISBN 978-3-473-46028-1

ISBN 978-3-473-46029-8

ISBN 978-3-473-46066-3